école - škola   2
voyage - cesta   5
transport - transport   8
ville - město   10
paysage - krajina   14
restaurant - restaurace   17
supermarché - supermarket   20
boissons - nápoje   22
alimentation - jídlo   23
ferme - usedlost   27
maison - dům   31
salon - obývací pokoj   33
cuisine - kuchyně   35
salle de bain - koupelna   38
chambre d'enfant - dětský pokoj   42
vêtements - oblečení   44
bureau - kancelář   49
économie - hospodářství   51
professions - povolání   53
outils - nářadí   56
instruments de musque - hudební nástroje   57
zoo - zoo   59
sports - sport   62
activités - aktivity   63
famille - rodina   67
corps - tělo   68
hôpital - nemocnice   72
urgence - urgentní případ   76
terre - země   77
...heure(s) - hodiny   79
semaine - týden   80
année - rok   81
formes - tvary   83
couleurs - barvy   84
oppositions - protiklady   85
nombres - čísla   88
langues - jazyky   90
qui / quoi / comment - Kdo / co / jak   91
où - kde   92

Impressum
Verlag: BABADADA GmbH, Nedderfeld 112 , 22529 Hamburg
Geschäftsführer / Verlagsleitung: Harald Hof
Druck: Books on Demand GmbH, In de Tarpen 42, 22848 Norderstedt

Imprint
Publisher: BABADADA GmbH, Nedderfeld 112 , 22529 Hamburg, Germany
Managing Director / Publishing direction: Harald Hof
Print: Books on Demand GmbH, In de Tarpen 42, 22848 Norderstedt

école
škola

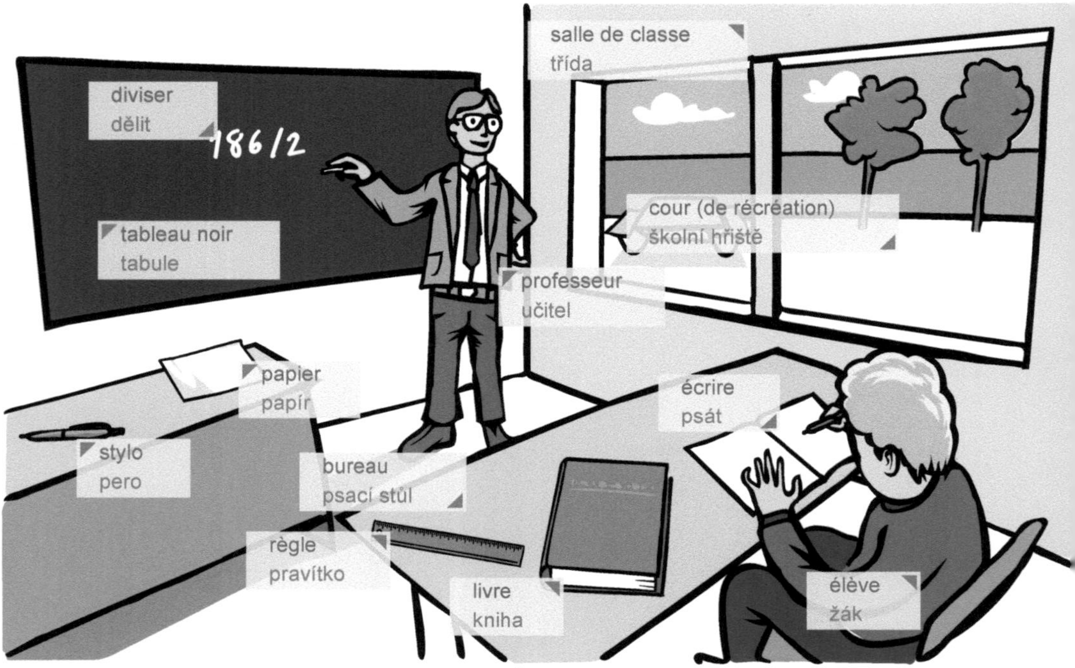

salle de classe
třída
diviser
dělit
186/2
tableau noir
tabule
cour (de récréation)
školní hřiště
professeur
učitel
papier
papír
écrire
psát
stylo
pero
bureau
psací stůl
règle
pravítko
livre
kniha
élève
žák

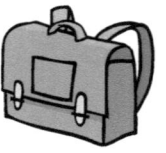

cartable
aktovka

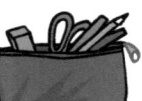

trousse
penál

crayon
tužka

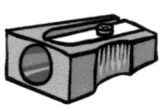

taille-crayon
ořezávátko

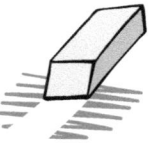

gomme
guma

carnet à dessin
blok na kreslení

dessin

výkres

pinceau

štětec

boîte de peinture

malířské potřeby

ciseaux

nůžky

colle

lepidlo

cahier d'exercices

cvičebnice

devoirs

domácí úkol

chiffre

počet

additionner

sčítat

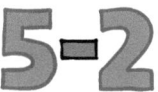

soustraire

odčítat

multiplier

násobit

calculer

počítat

lettre

písmeno

alphabet

abeceda

mot

slovo

texte

text

lire

číst

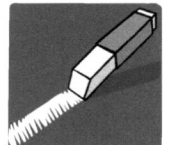

craie

křída

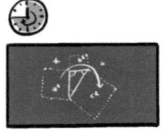

leçon

hodina

livre de classe

třídní kniha

examen

zkouška

certificat

vysvědčení

uniforme scolaire

školní uniforma

formation

vzdělání

lexique

encyklopedie

université

univerzita

microscope

mikroskop

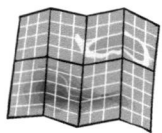

carte

karta

corbeille à papier

odpadkový koš na papír

voyage
cesta

hôtel
hotel
Grand
auberge
ubytovna
ROOMS
bureau de change
směnárna
valise
kufr
voiture
auto

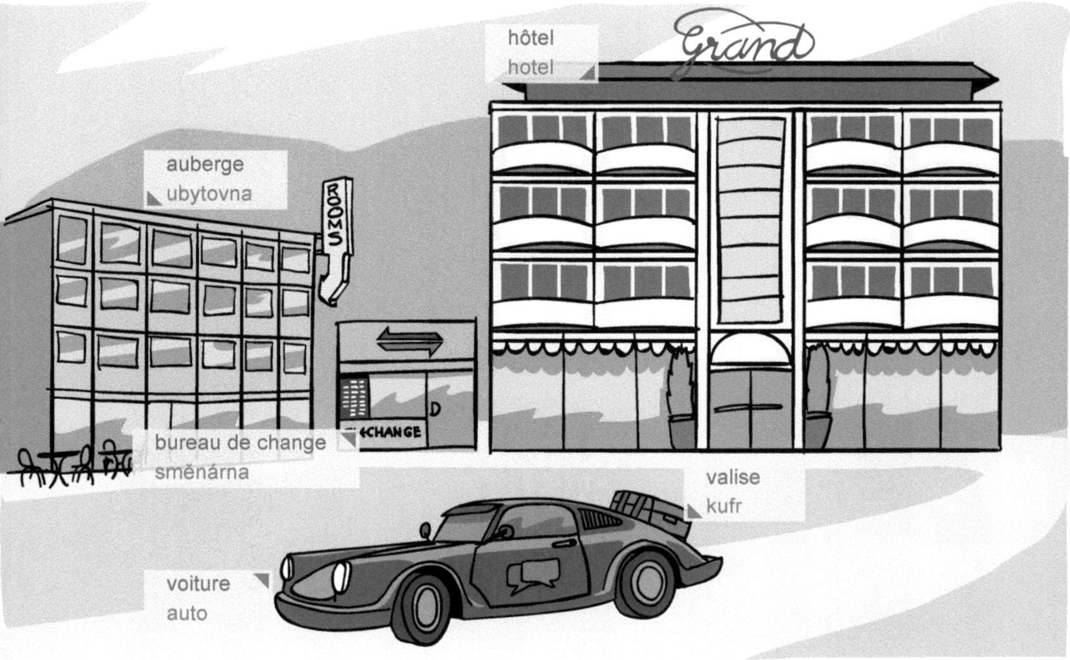

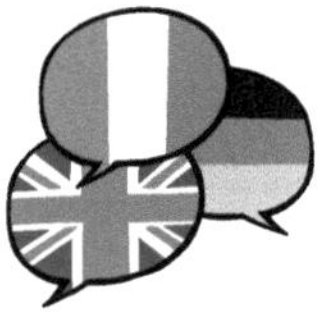

langue

jazyk

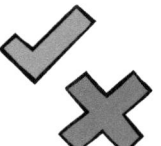

oui / non

ano / ne

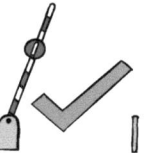

d'accord

oukej

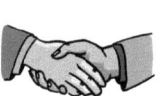

Salut

Ahoj!

interprète

překladatel

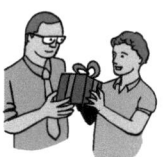

merci

děkuji

Combien coûte...?

Kolik stojí...?

Je ne comprends pas

nerozumím

problème

problém

Bonsoir !

Dobrý večer!

Bonjour !

Dobré ráno!

Bonne nuit !

Dobrou noc!

Au revoir

na shledanou

direction

směr

bagages

zavazadlo

sac

taška

sac-à-dos

batoh

hôte

host

pièce

pokoj

sac de couchage

spací pytel

tente

stan

office de tourisme
turistické informace

plage
pláž

carte de crédit
kreditní karta

petit-déjeuner
snídaně

déjeuner
oběd

dîner
večeře

billet
jízdenka

ascenseur
výtah

timbre
poštovní známka

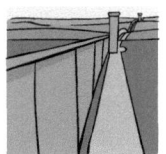

frontière
hranice

douane
clo

ambassade
poselství

visa
vízum

passeport
pas

transport

transport

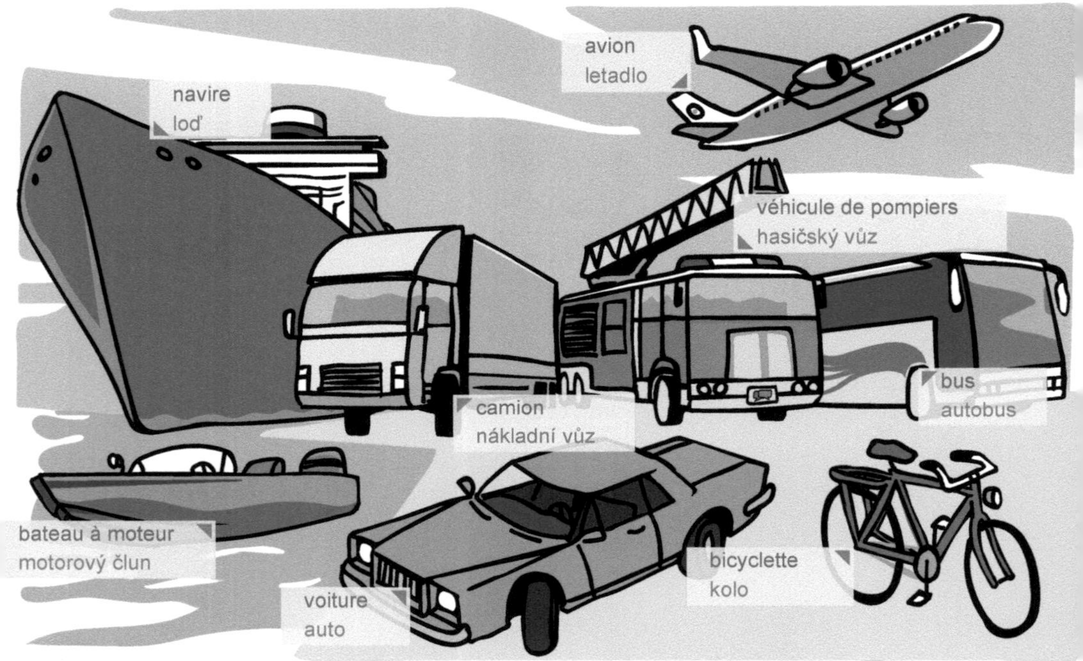

avion
letadlo
navire
loď
véhicule de pompiers
hasičský vůz
bus
autobus
camion
nákladní vůz
bateau à moteur
motorový člun
bicyclette
kolo
voiture
auto

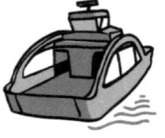

ferry

přívoz

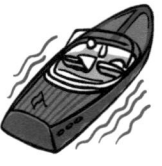

barque

člun

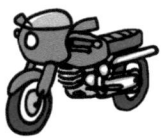

moto

motorka

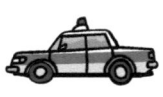

voiture de police

policejní auto

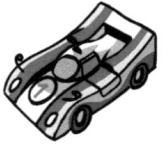

voiture de course

závodní auto

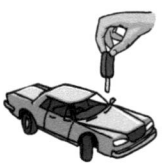

voiture de location

pronajaté auto

auto-partage

sdílení aut

voiture de remorquage

odtahová služba

benne à ordures

popelářský vůz

moteur

motor

essence

palivo

station d'essence

čerpací stanice

panneau indicateur

dopravní značka

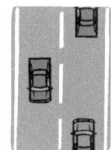

trafic

doprava

embouteillage

dopravní zácpa

parking

parkoviště

gare

vlakové nádraží

rails

koleje

train

vlak

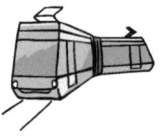

tramway

tramvaj

wagon

vagón

hélicoptère

helikoptéra

aéroport

letiště

tour

věž

passager

pasažér

conteneur

kontejner

carton

kartón

chariot

trakař

corbeille

koš

décoller / atterrir

vzlétnout / přistát

ville

město

village

vesnice

centre-ville

střed města

maison

dům

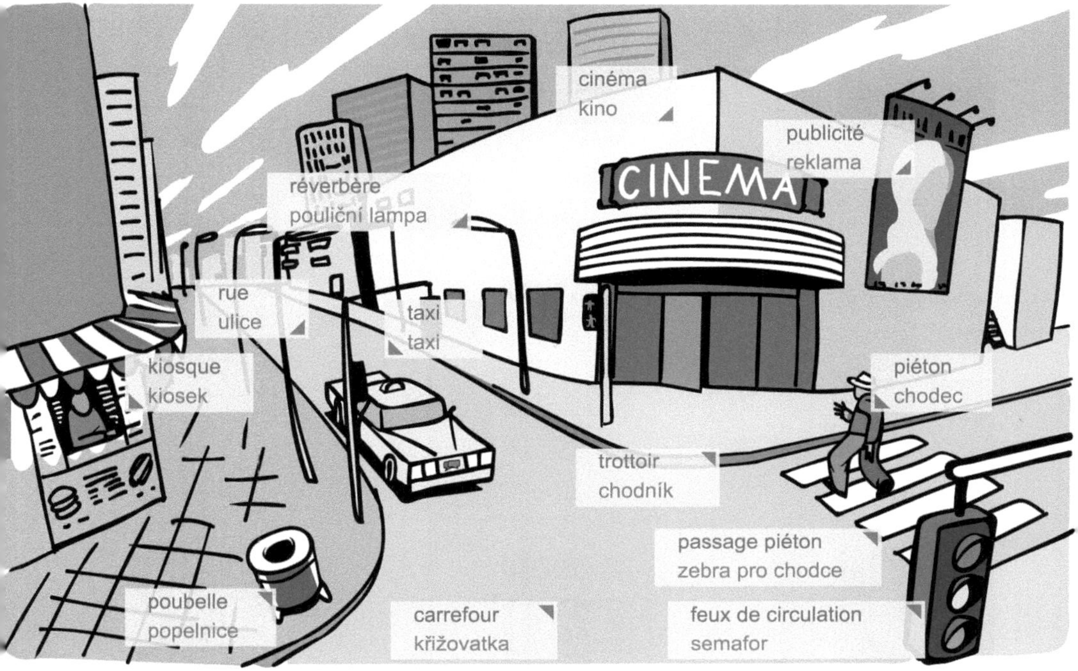

cinéma
kino

publicité
reklama

réverbère
pouliční lampa

rue
ulice

taxi
taxi

CINEMA

piéton
chodec

kiosque
kiosek

trottoir
chodník

passage piéton
zebra pro chodce

poubelle
popelnice

carrefour
křižovatka

feux de circulation
semafor

cabane
chata

appartement
byt

gare
vlakové nádraží

mairie
radnice

musée
muzeum

école
škola

universite

univerzita

banque

banka

hôpital

nemocnice

hôtel

hotel

pharmacie

lékárna

bureau

kancelář

librairie

knihkupectví

magasin

obchod

fleuriste

květinářství

supermarché

supermarket

marché

tržnice

grand magasin

obchodní dům

poissonnerie

rybárna

centre commercial

nákupní centrum

port

přístav

parc

park

banque

lavička

pont

most

escaliers

schody

métro

metro

tunnel

tunel

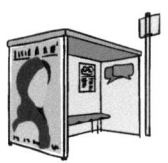

arrêt de bus

autobusová zastávka

bar

bar

restaurant

restaurace

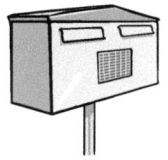

boîte à lettres

poštovní schránka

panneau indicateur

pouliční tabule

parcmètre

parkovací hodiny

zoo

zoo

piscine

plovárna

mosquée

mešita

ferme

usedlost

pollution

znečišťování životního prostředí

cimetière

hřbitov

église

církev

aire de jeux

hřiště

temple

chrám

paysage
krajina

feuille
list

panneau indicateur
rozcestník

chemin
cesta

pré
louka

pierre
kámen

arbre
strom

randonneur
turista

rivière
řeka

herbe
tráva

fleur
květina

vallée

údolí

montagne

hora

lac

jezero

forêt

les

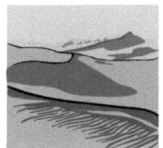

désert

poušť

volcan

sopka

château

zámek

arc-en-ciel

duha

champignon

houba

palmier

palma

moustique

komár

mouche

moucha

fourmis

mravenec

abeille

včela

araignée

pavouk

coléoptère

brouk

grenouille

žába

écureuil

veverka

hérisson

ježek

lièvre

zajíc

chouette

sova

oiseau

pták

cygne

labuť

sanglier

divoké prase

cerf

jelen

élan

los

barrage

přehrada

éolienne

větrné kolo

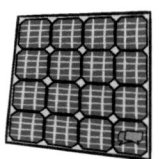

panneau solaire

solární panel

climat

podnebí

serveur
číšník

menu
jídelní lístek

chaise
židle

soupe
polévka

pizza
pizza

nappe
ubrus

couverts
příbor

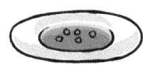

hors d'œuvre
předkrm

plat principal
hlavní chod

dessert
dezert

boissons
nápoje

alimentation
jídlo

bouteille
láhev

fast-food

rychlé občerstvení

plats à emporter

pouliční občerstvení

théière

čajová konvice

sucrier

cukřenka

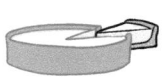

portion

porce

machine à expresso

kávovar na espresso

chaise haute

dětská stolička

facture

faktura

plateau

tác

couteau

nůž

fourchette

vidlička

cuillère

lžíce

cuillère à thé

čajová lyžička

serviette

ubrousek

verre

sklenička

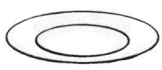

assiette
....
talíř

assiette à soupe
....
talíř na polévku

soucoupe
....
podšálek

sauce
....
omáčka

salière
....
slánka

moulin à poivre
....
mlýnek na pepř

vinaigre
....
ocet

huile
....
olej

épices
....
koření

ketchup
....
kečup

moutarde
....
hořčice

mayonnaise
....
majonéza

supermarché

supermarket

offre promotionnelle
nabídka
client
zákazník
produits laitiers
mléčné výrobky
chariot
nákupní vozík
fruits
ovoce
FOR

BUTCHERS

boucherie

masna

BAKERY

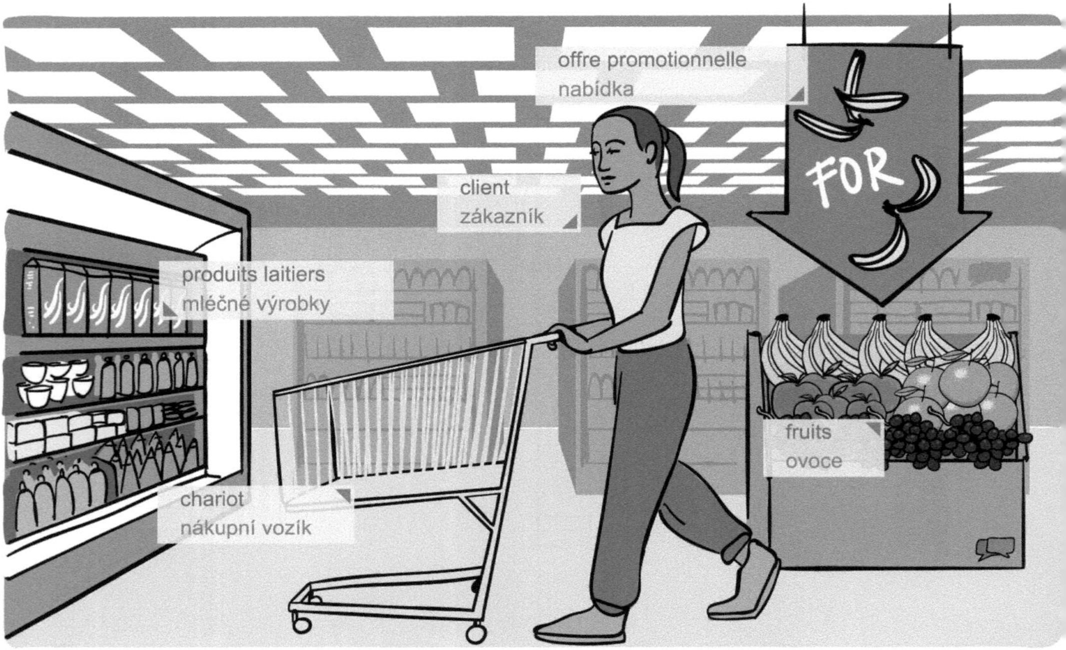

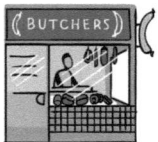

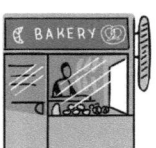

boulangerie

pekařství

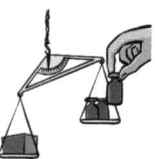

peser

vážit

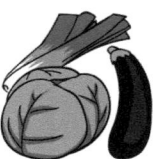

légumes

zelenina

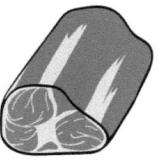

viande

maso

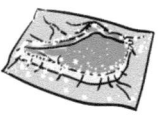

aliments surgelés

mražené potraviny

charcuterie

obložený talíř

conserves

konzervy

poudre à lessive

prací prášek

bonbons

cukrovinky

articles ménagers

výrobky pro domácnost

détergents

čisticí prostředek

vendeuse

prodavačka

caisse

pokladna

caissier

pokladní

liste d'achats

nákupní seznam

heures d'ouverture

otevírací doba

portefeuille

peněženka

carte de crédit

kreditní karta

sac

taška

sac en plastique

igelitová taška

eau
voda

jus de fruit
džus

lait
mléko

coca
kola

vin
víno

bière
pivo

alcool
alkohol

chocolat chaud
kakao

thé
čaj

café
káva

expresso
espresso

cappuccino
kapučíno

banane

banán

pomme

jablko

orange

pomeranč

melon

meloun

citron

citrón

carotte

mrkev

ail

česnek

bambou

bambus

oignon

cibule

champignon

houba

noisettes

ořechy

pâtes

těstoviny

spaghetti

špageti

riz

rýže

salade

salát

pommes frites

hranolky

pommes de terre rôties

americké brambory

pizza

pizza

hamburger

hamburger

sandwich

sendvič

escalope

řízek

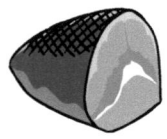

jambon

šunka

salami

salám

saucisse

salám

poulet

kuře

rôti

pečeně

poisson

ryby

flocons d'avoine

ovesné vločky

muesli

müsli

cornflakes

vločky

farine

mouka

croissant

croissant

petits-pains

houska

pain

chléb

pain grillé

toast

biscuits

sušenky

beurre

máslo

le fromage blanc

tvaroh

gâteau

buchta

œuf

vejce

œuf au plat

volské oko

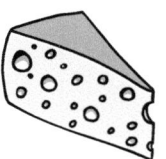

fromage

sýr

glace

zmrzlina

sucre

cukr

miel

med

confiture

marmeláda

crème nougat

nugátový krém

curry

kari

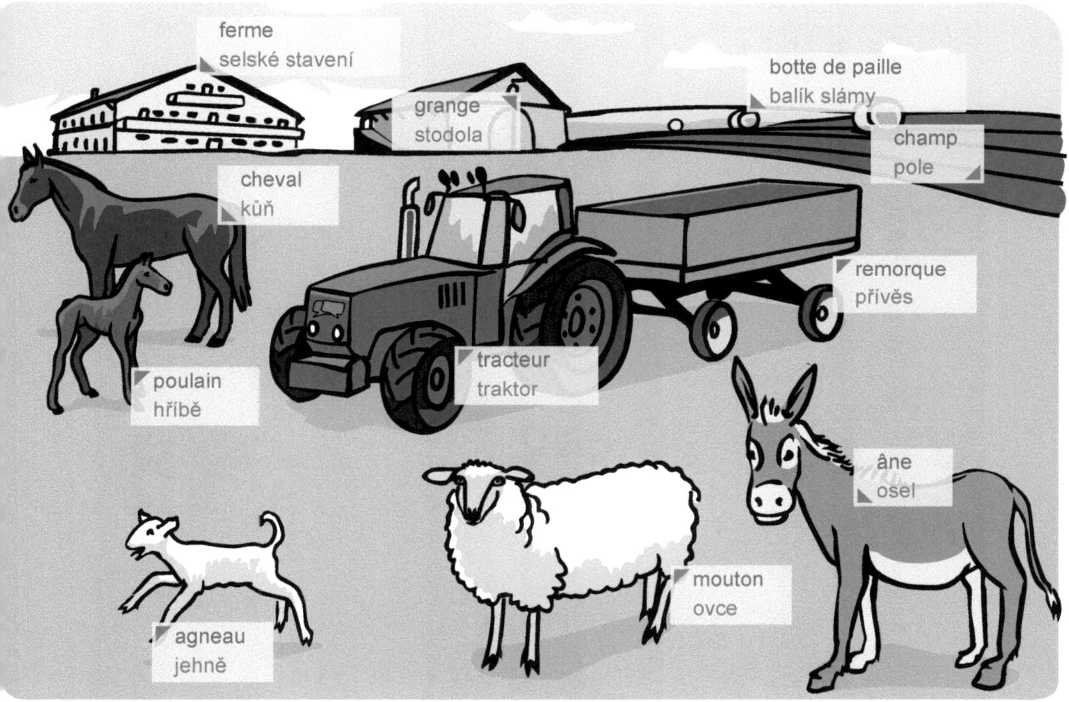

ferme
selské stavení

botte de paille
balík slámy

grange
stodola

champ
pole

cheval
kůň

remorque
přívěs

poulain
hříbě

tracteur
traktor

âne
osel

mouton
ovce

agneau
jehně

chèvre

koza

vache

kráva

veau

tele

porc

prase

porcelet

sele

taureau

býk

oie

husa

canard

kachna

poussin

kuře

poule

slepice

coq

kohout

rat

krysa

chat

kočka

souris

myš

bœuf

vůl

chien

pes

chenil

psí bouda

tuyau de jardin

zahradní hadice

arrosoir

kropicí konev

faucheuse

kosa

charrue

pluh

faucille
srp

pioche
motyka

fourche
vidle

hache
sekera

brouette
kolecko

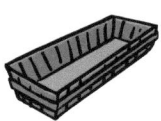

cuve
koryto

pot à lait
konev na mléko

sac
pytel

clôture
plot

étable
stáj

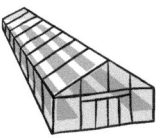

serre
skleník

sol
půda

semences
osivo

engrais
hnojivo

moissonneuse-batteuse
kombajn

récolter

sklidit

récolte

sklizeň

igname

smldinec

blé

pšenice

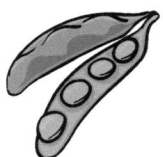

soja

sója

pomme de terre

brambora

maïs

kukuřice

colza

řepka

arbre fruitier

ovocný strom

manioc

maniok

céréales

obilí

maison
dům

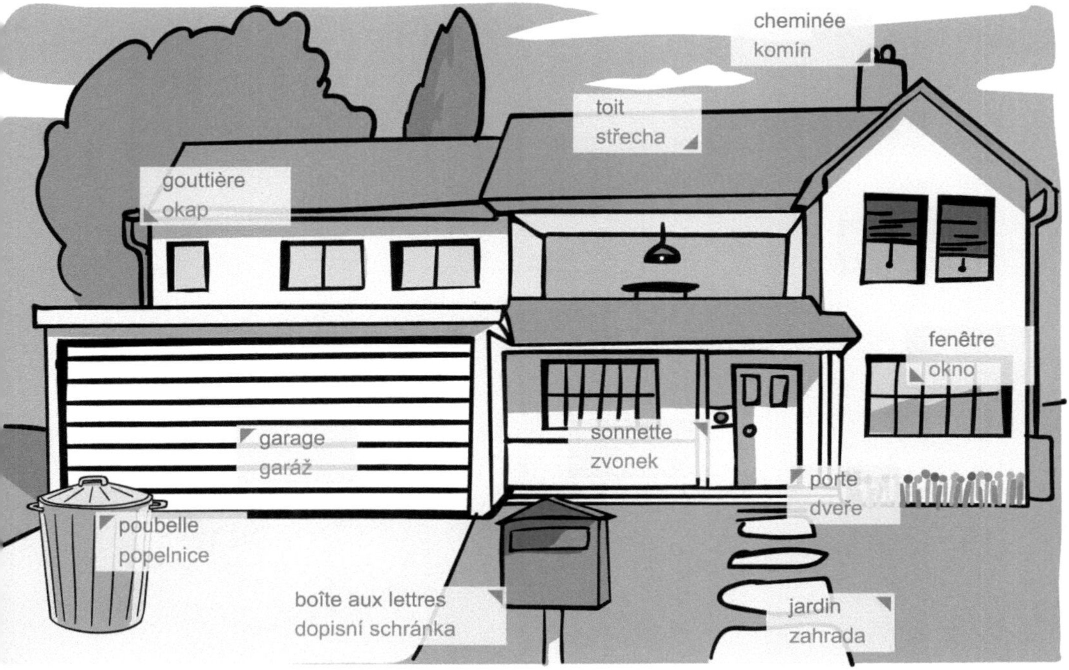
cheminée
komín
toit
střecha
gouttière
okap
fenêtre
okno
garage
garáž
sonnette
zvonek
porte
dveře
poubelle
popelnice
boîte aux lettres
dopisní schránka
jardin
zahrada

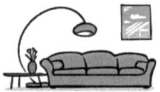

salon

obývací pokoj

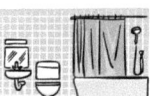

salle de bain

koupelna

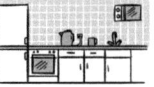

cuisine

kuchyně

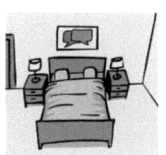

chambre à coucher

ložnice

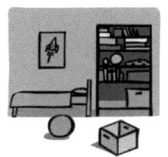

chambre d'enfant

dětský pokoj

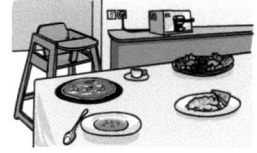

salle à manger

jídelna

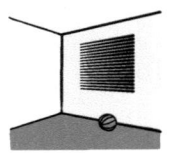

sol

podlaha

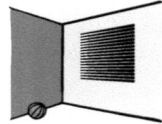

mur

zeď

plafond

deka

cave

sklep

sauna

sauna

balcon

balkón

terrasse

terasa

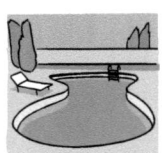

piscine

bazén

tondeuse à gazon

sekačka na trávu

housse

ložní prádlo

couette

lůžková přikrývka

lit

postel

balai

smeták

sceau

kýbl

interrupteur

vypínač

salon
obývací pokoj

papier peint
tapeta
image
obrázek
lampe
žárovka
étagère
police
armoire
skříň
télé
televizor
cheminée
komín
fleur
květina
coussin
polštář
sofa
gauč
vase
váza
télécommande
dálkový ovladač

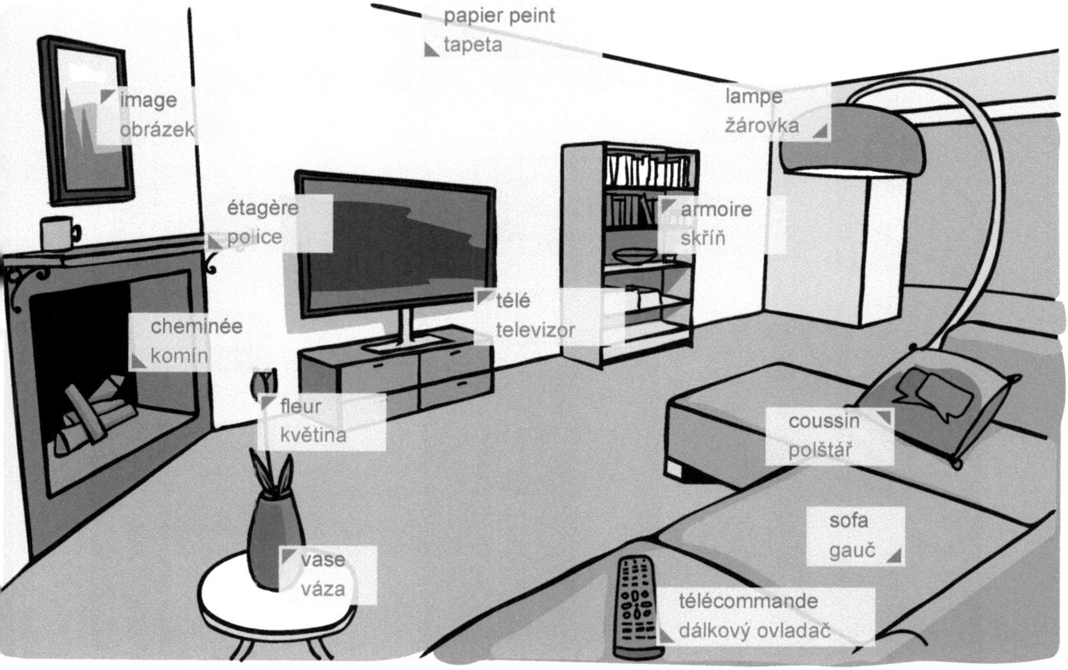

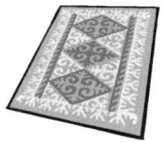

tapis

koberec

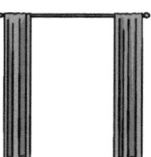

rideau

závěs

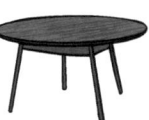

table

stůl

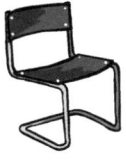

chaise

židle

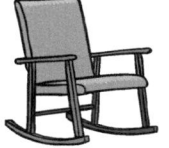

chaise à bascule

houpací křeslo

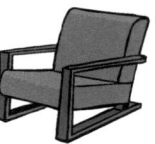

fauteuil

křeslo

livre

kniha

couverture

strop

décoration

ozdoba

bois de chauffage

palivové dříví

film

film

chaîne hi-fi

stereo souprava

clé

klíč

journal

noviny

peinture

malba

poster

plakát

radio

rádio

bloc-notes

poznámkový blok

aspirateur

vysavač

cactus

kaktus

bougie

svíce

cuisine
kuchyně

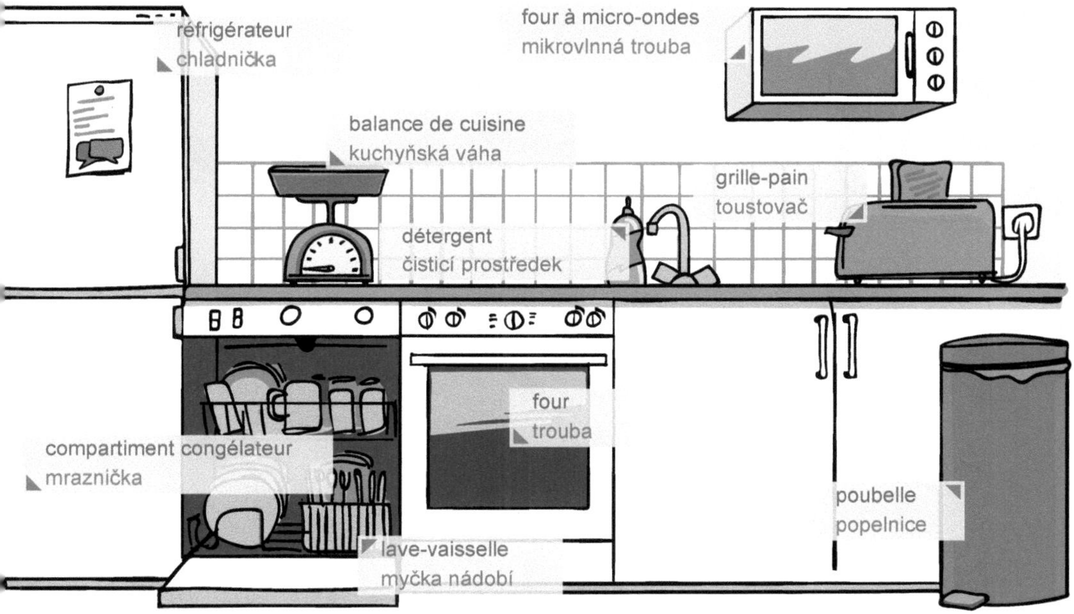

réfrigérateur
chladnička
four à micro-ondes
mikrovlnná trouba
balance de cuisine
kuchyňská váha
grille-pain
toustovač
détergent
čisticí prostředek
four
trouba
compartiment congélateur
mraznička
poubelle
popelnice
lave-vaisselle
myčka nádobí

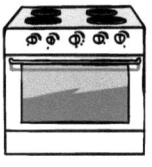

four

sporák

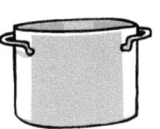

casserole

hrnec

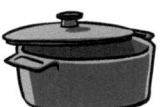

marmite

litinový hrnec

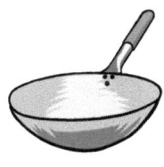

wok / kadai

wok / kadai

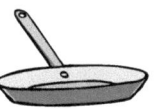

poêle

pánev

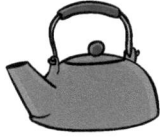

bouilloire electrique

varná konvice

cuiseur vapeur

parní hrnec

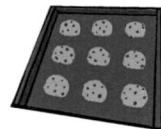

plaque de cuisson

plech na pečení

vaisselle

nádobí

gobelet

hrnek

coupe

miska

baguettes

jídelní hůlky

louche

naběračka

spatule

obracečka

fouet

metla

passoire

síto

tamis

cedník

râpe

struhadlo

mortier

hmoždíř

barbecue

gril

cheminée

ohniště

planche à découper

prkénko na krájení

rouleau à pâtisserie

váleček na těsto

tire-bouchon

vývrtka

boîte

dóza

ouvre-boîte

otvírák na konzervy

maniques

chňapka

lavabo

umyvadlo

brosse

kartáč na nádobí

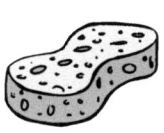

éponge

houba

mixeur

mixér

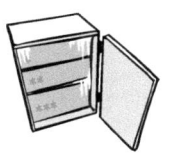

congélateur

mrazák

biberon

dětská lahev

robinet

kohoutek

salle de bain
koupelna

douche
sprcha
chauffage
topení
serviette
ručník
rideau de douche
sprchový závěs
bain moussant
pěnová koupel
baignoire
vana
verre
sklenička
machine à laver
pračka
robinet
kohoutek
carrelage
obkladačky
pot
nočník
lavabo
umyvadlo

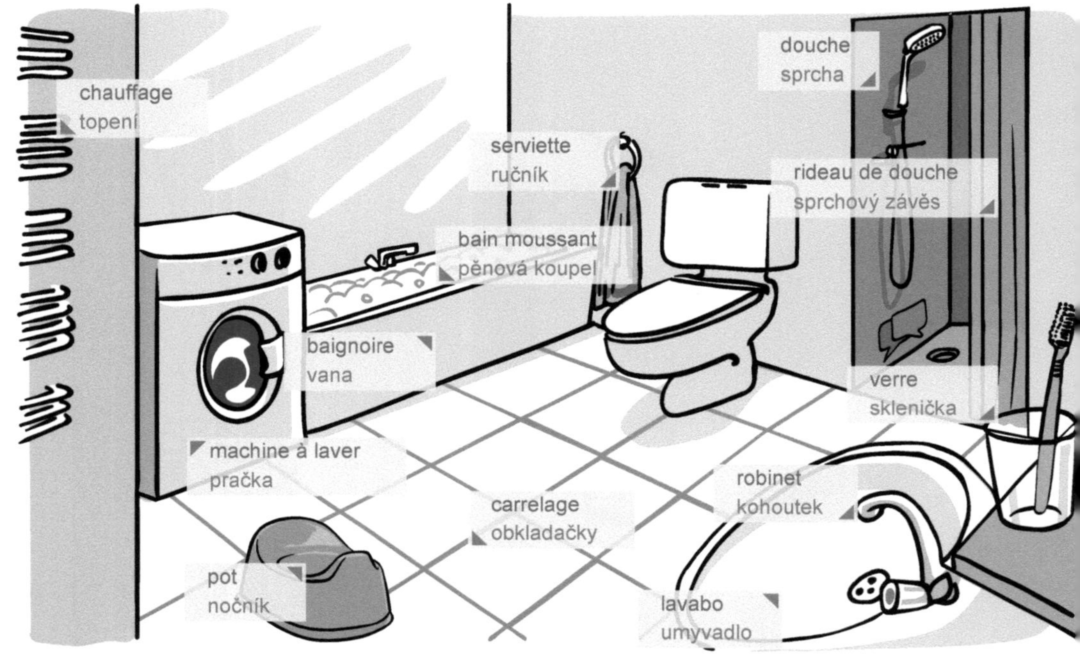

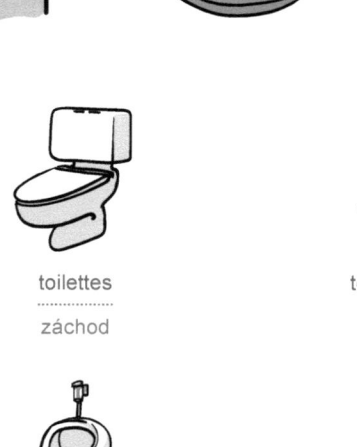

toilettes
záchod

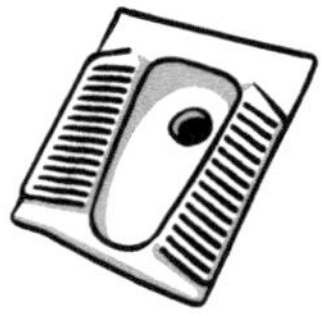

toilette à la turque
turecký záchod

bidet
bidet

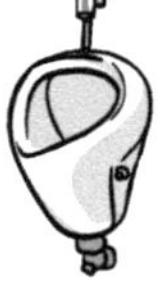

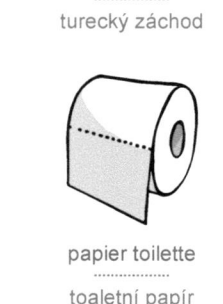

urinoir
pisoár

papier toilette
toaletní papír

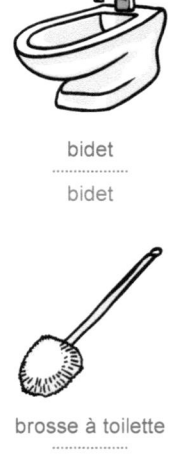

brosse à toilette
záchodová štětka

brosse à dents

zubní kartáček

dentifrice

zubní pasta

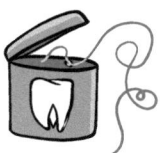

fil dentaire

zubní niť

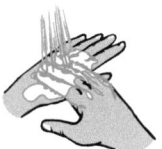

laver

mýt

douche manuelle

ruční sprcha

douche intime

intimní sprcha

vasque

umyvadlo

brosse dorsale

kartáč na záda

savon

mýdlo

gel douche

sprchový gel

shampooing

šampón

gant de toilette

žínka

écoulement

odpad

crème

krém

déodorant

deodorant

miroir

zrcadlo

miroir cosmétique

kosmetické zrcátko

rasoir

holicí strojek

mousse à raser

pěna na holení

après-rasage

voda po holení

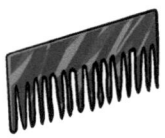

peigne

hřeben

brosse

kartáč

sèche-cheveux

fén

laque pour cheveux

lak na vlasy

fond de teint

makeup

rouge à lèvres

rtěnka

vernis à ongles

lak na nehty

ouate

vata

coupe-ongles

nůžky na nehty

parfum

parfém

trousse de toilette

taška s toaletními potřebami

tabouret

stolička

pèse-personne

váha

peignoir

župan

gants de nettoyage

gumové rukavice

tampon

tampón

serviettes hygiéniques

dámská vložka

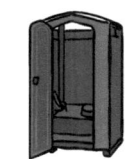

toilette chimique

chemická toaleta

chambre d'enfant
dětský pokoj

réveil
budík
doudou
plyšová hračka
voiture jouet
autíčko
hochet
chrastítko
maison de poupée
domeček pro panenky
cadeau
dárek

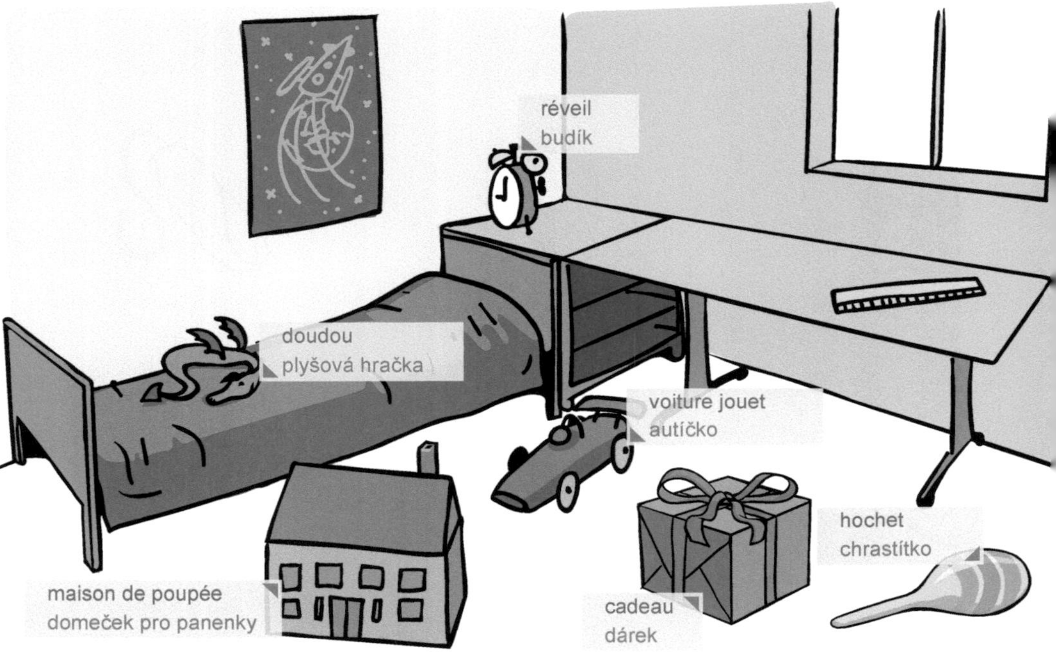

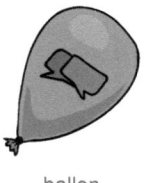

ballon
balón

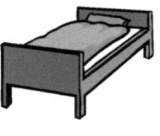

lit
postel

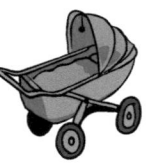

poussette
kočárek

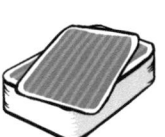

jeu de cartes
balíček karet

puzzle
puzzle

SUPER MEGA

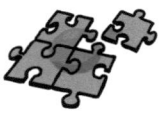

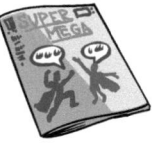

bande dessinée
komiks

pièces lego

lego kostky

blocs de construction

stavebnice

figurine

akční figurka

grenouillère

dupačky

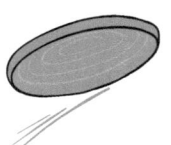

frisbee

frisbee

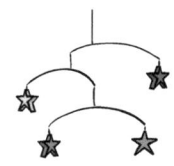

mobile

závěsné hračky nad
postýlku

jeu de société

desková hra

dé

kostky

train miniature

modelová železnice

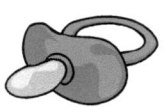

sucette

dudlík

fête

oslava

livre d'images

obrázková kniha

balle

míč

poupée

panenka

jouer

hrát si

bac à sable

pískoviště

balançoire

houpačka

jouets

hračky

console de jeu

hrací konzole

tricycle

tříkolka

ours en peluche

medvídek

armoire

šatník

vêtements
oblečení

chaussettes

ponožky

bas

punčochy

collant

punčochové kalhoty

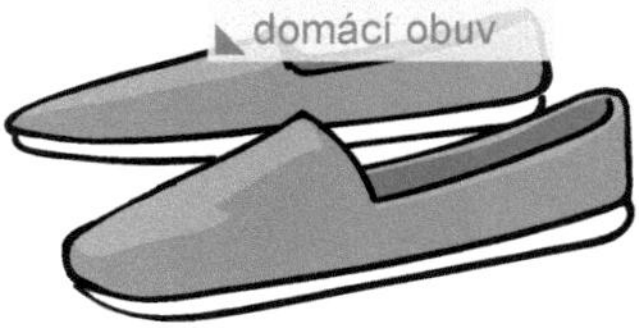

écharpe
šála

ceinture
pásek

parapluie
deštník

t-shirt
tričko

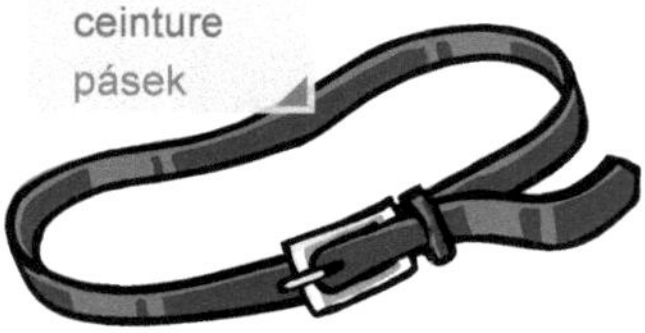

bottes
kozačky

pantoufles
domácí obuv

baskets
tenisky

sandales
....
sandály

chaussures
....
obuv

bottes de caoutchouc
....
holínky

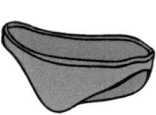

sous-vêtements
....
spodní prádlo

soutien-gorge
....
podprsenka

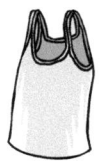

maillot de corps
....
nátělník

vêtements - oblečení

body

body

pantalon

kalhoty

jean

džíny

jupe

sukně

chemisier

blůza

chemise

košile

pull

svetr

sweat à capuche

mikina

veste

blejzr

veste

bunda

manteau

kabát

imperméable

pláštěnka

costume

kostým

robe

šaty

robe de mariée

svatební šaty

costume

oblek

chemise de nuit

noční košile

pyjama

pyžamo

sari

sárí

foulard

šátek na hlavu

turban

turban

burqa

burka

caftan

kaftan

abaya

abája

maillot de bain

plavky

maillot de bain

pánské plavky

short

kraťasy

tenue d'entraînement

tepláková souprava

tablier

zástěra

gants

rukavice

bouton

knoflík

lunettes

brýle

bracelet

náramek

collier

náhrdelník

bague

prsten

boucle d'oreille

náušnice

bonnet

čepice

cintre

ramínko

chapeau

klobouk

cravate

kravata

fermeture éclair

zip

casque

helma

bretelles

kšandy

uniforme scolaire

školní uniforma

uniforme

uniforma

bavoir

bryndák

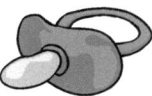

sucette

dudlík

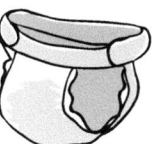

lange

plena

bureau
kancelář

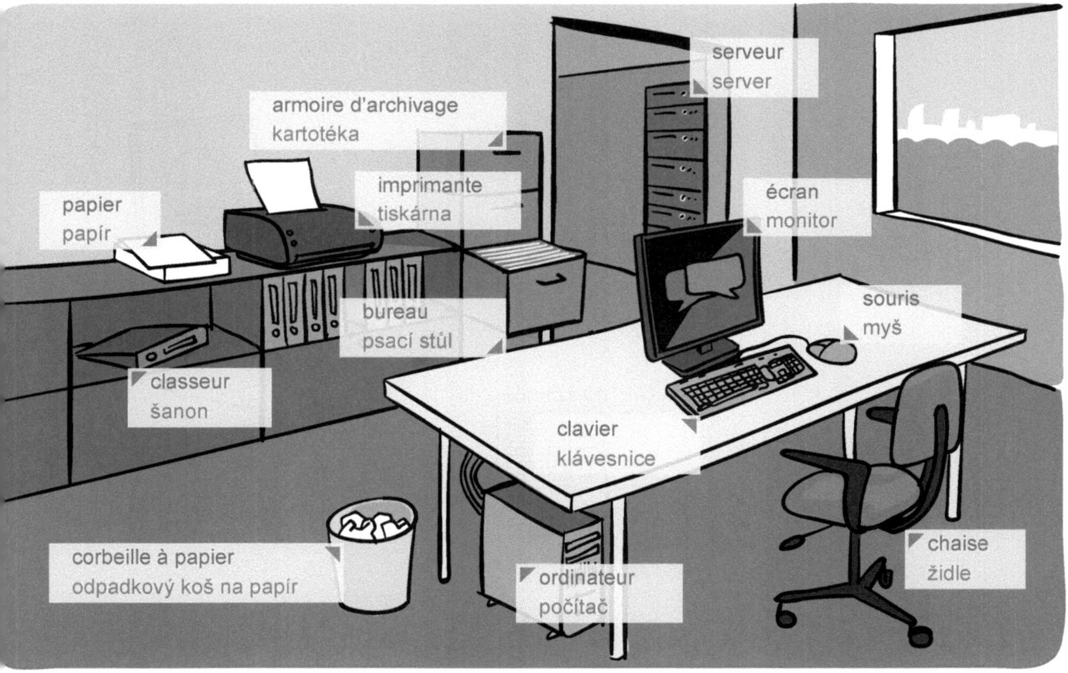

armoire d'archivage
kartotéka

serveur
server

papier
papír

imprimante
tiskárna

écran
monitor

bureau
psací stůl

souris
myš

classeur
šanon

clavier
klávesnice

corbeille à papier
odpadkový koš na papír

ordinateur
počítač

chaise
židle

tasse de café

hrnek na kávu

calculatrice

kalkulačka

internet

internet

ordinateur portable

notebook

lettre

dopis

message

zpráva

portable

mobil

réseau

síť

photocopieuse

kopírka

logiciel

software

téléphone

telefon

prise

zásuvka

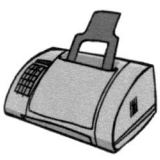

fax

fax

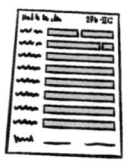

formulaire

formulář

document

dokument

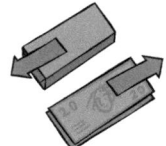

acheter

nakupovat

payer

zaplatit

faire du commerce

jednat

monnaie

peníze

USD

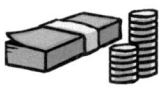

dollar

dolar

EUR

euro

euro

JPY

yen

jen

RUB

rouble

rubl

CHF

franc suisse

frank

CNY

renminbi yuan

juan

INR

roupie

rupie

distributeur automatique

bankomat

bureau de change

směnárna

or

zlato

argent

stříbro

pétrole

olej

énergie

energie

prix

cena

contrat

smlouva

taxe

daň

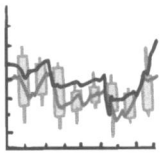

action

akcie

travailler

pracovat

employé

zaměstnanec

employeur

zaměstnavatel

usine

továrna

magasin

obchod

économie - hospodářství

agent de police
policista

pompier
hasič

cuisinier
kuchař

médecin
lékař

pilote
pilot

jardinier

zahradník

menuisier

truhlář

couturière

švadlena

juge

soudce

chimiste

chemik

acteur

herec

conducteur de bus

řidič autobusu

chauffeur de taxi

řidič taxi

pêcheur

rybář

femme de ménage

uklízečka

couvreur

pokrývač

serveur

číšník

chasseur

myslivec

peintre

malíř

boulanger

pekař

électricien

elektrikář

ouvrier

stavební dělník

ingénieur

inženýr

boucher

řezník

plombier

klempíř

facteur

listonoš

soldat

voják

architecte

architekt

caissier

pokladní

fleuriste

florista

coiffeur

kadeřník

contrôleur

průvodčí

mécanicien

mechanik

capitaine

kapitán

dentiste

zubař

scientifique

vědec

rabbin

rabín

imam

imám

moine

mnich

prêtre

duchovní

outils
nářadí

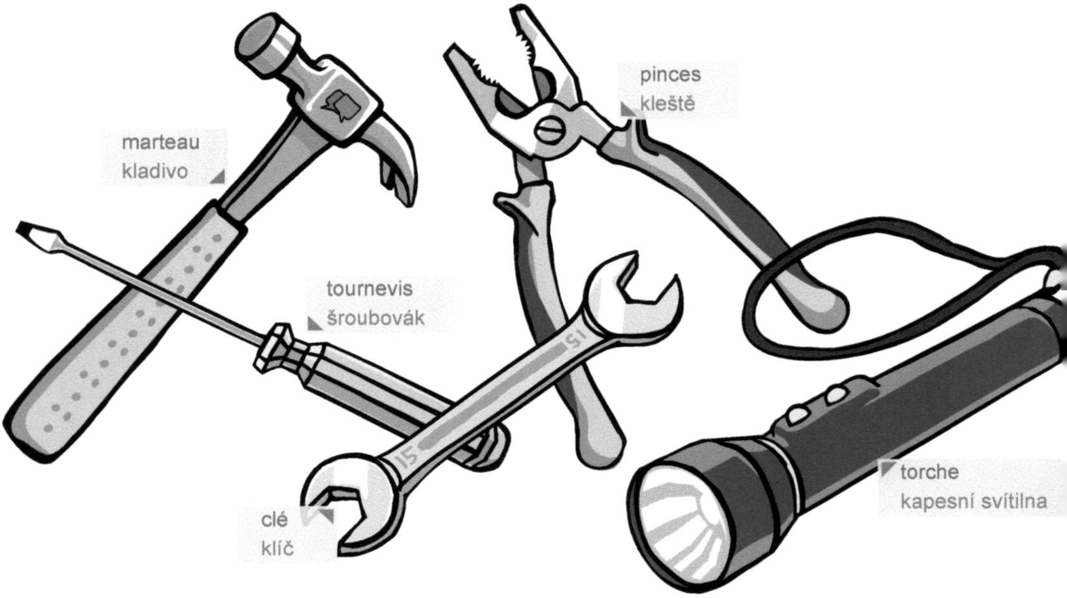
marteau
kladivo
pinces
kleště
tournevis
šroubovák
clé
klíč
torche
kapesní svítilna

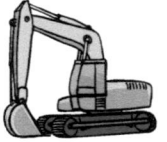

pelleteuse

bagr

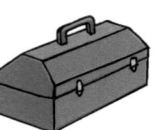

boîte à outils

skříň na nářadí

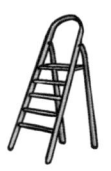

échelle

žebřík

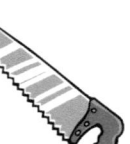

scie

pila

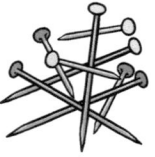

clous

hřebíky

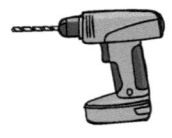

perceuse

vrtačka

réparer

opravit

pelle

lopata

Mince !

Kurva!

pelle

lopatka

pot de peinture

vědroé na barvu

vis

šrouby

instruments de musique
hudební nástroje

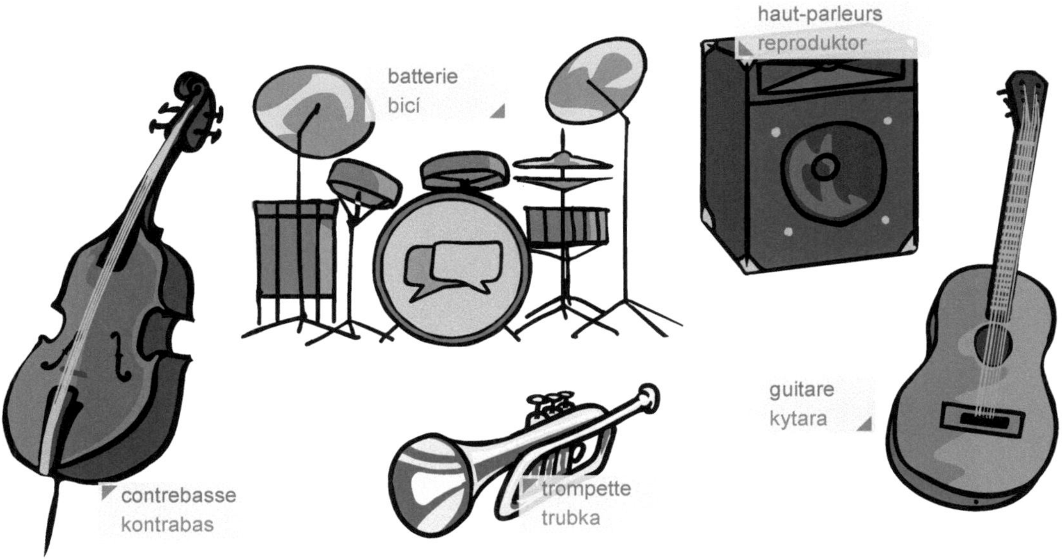

batterie
bicí

haut-parleurs
reproduktor

guitare
kytara

contrebasse
kontrabas

trompette
trubka

piano

klavír

violon

housle

basse

basa

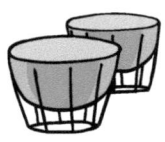

timbales

tympán

tambour

bubny

piano électrique

keyboard

saxophone

saxofon

flûte

flétna

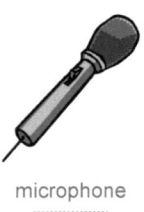

microphone

mikrofon

ZOO

ZOO

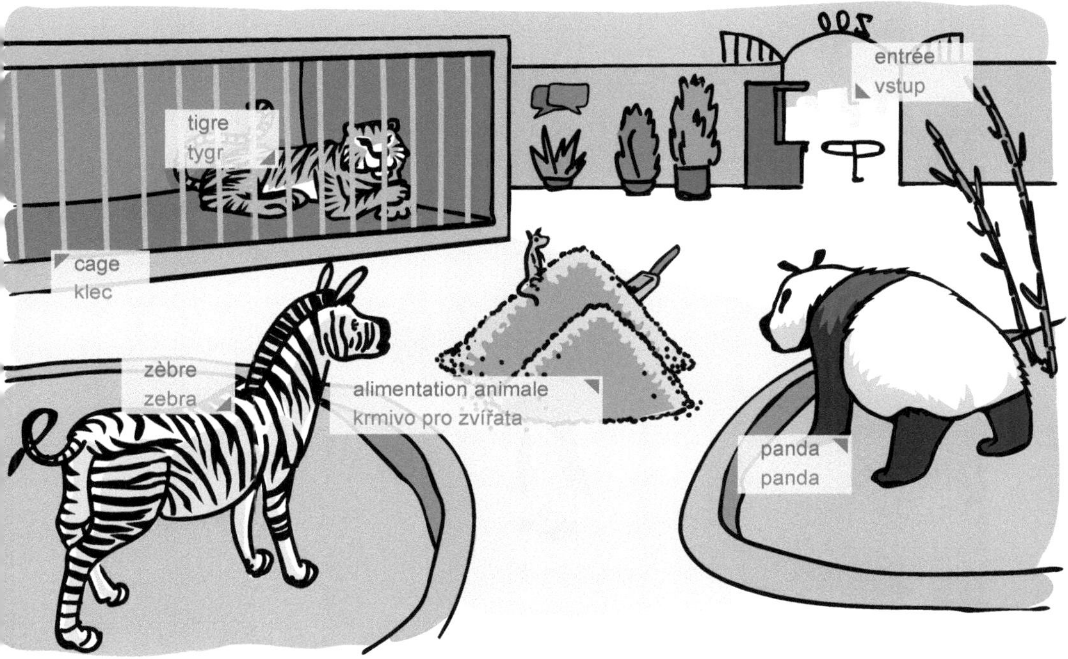

tigre
tygr
entrée
vstup
cage
klec
zèbre
zebra
alimentation animale
krmivo pro zvířata
panda
panda

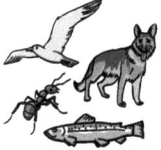

animaux
zvířata

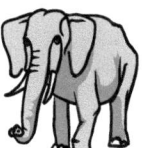

éléphant
slon

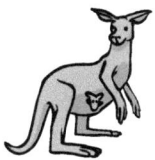

kangourou
klokan

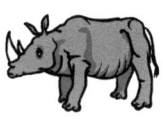

rhinocéros
nosorožec

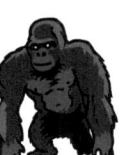

gorille
gorila

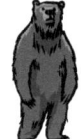

ours
medvěd

chameau

velbloud

autruche

pštros

lion

lev

singe

opice

flamand rose

plameňák

perroquet

papoušek

ours polaire

lední medvěd

pingouin

tučňák

requin

žralok

paon

páv

serpent

had

crocodile

krokodýl

gardien de zoo

ošetřovatel zvířat

phoque

tuleň

jaguar

jaguár

poney

poník

léopard

leopard

hippopotame

hroch

girafe

žirafa

aigle

orel

sanglier

divoké prase

poisson

ryby

tortue

želva

morse

mrož

renard

liška

gazelle

gazela

american Football
americký fotbal

cyclisme
cyklistika

tennis
tenis

basket-ball
košíková

natation
plavání

hockey sur glace
lední hokej

boxe
box

football
kopaná

badminton
badminton

athlétisme
lehká atletika

handball
házená

ski
běh na lyžích

polo
vodní pólo

activités
aktivity

rire
smát se
sauter
skočit
embrasser
objímat
marcher
jít
chanter
zpívat
rêver
snít
prier
modlit se
faire la bise
políbit

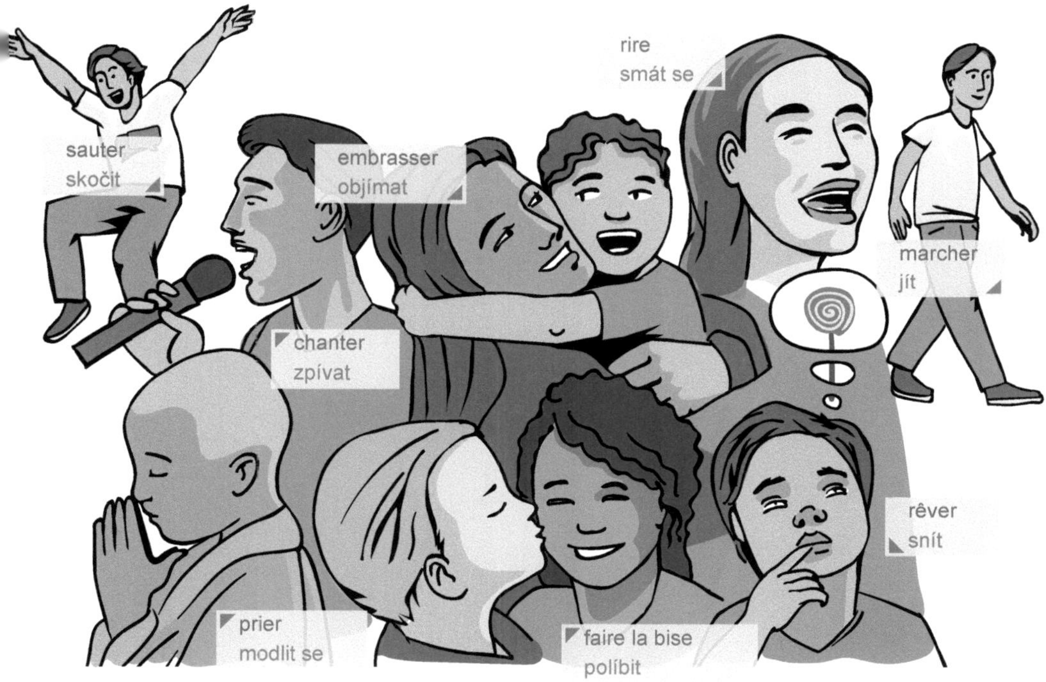

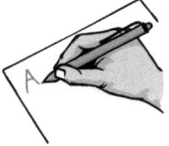

écrire
psát

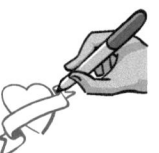

dessiner
kreslit

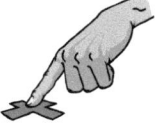

montrer
ukazovat

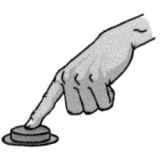

pousser
tlačit

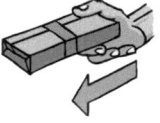

donner
dát

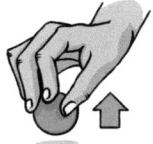

prendre
vzít si

avoir
mít

faire
dělat

être
být

être debout
stát

courir
běhat

trier
táhnout

jeter
hodit

tomber
padat

être couché
ležet

attendre
čekat

porter
nosit

être assis
sedět

s'habiller
oblékat

dormir
spát

se réveiller
vzbudit se

regarder

prohlédnout si

pleurer

plakat

caresser

pohladit

peigner

česat

parler

hovořit

comprendre

rozumět

demander

ptát se

écouter

slyšet

boire

pít

manger

jíst

ranger

uklidit

aimer

milovat

cuire

vařit

conduire

jet

voler

letět

faire de la voile

plachtit

calculer

počítat

lire

číst

apprendre

učit se

travailler

pracovat

se marier

vzít si

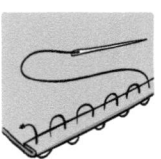

coudre

šít

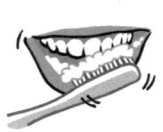

brosser les dents

čistit si zuby

tuer

zabít

fumer

kouřit

envoyer

poslat

grand-mère
babička

grand-père
dědeček

père
otec

mère
matka

bébé
dítě

fille
dcera

fils
syn

hôte
host

tante
teta

oncle
strýc

frère
bratr

sœur
sestra

corps
tělo

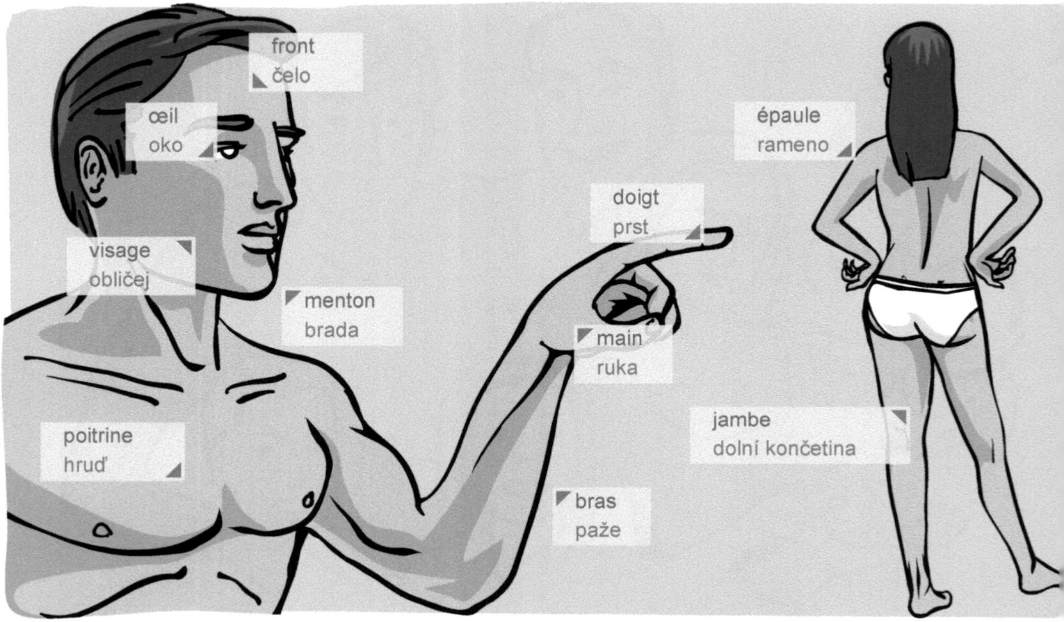

front
čelo

œil
oko

épaule
rameno

doigt
prst

visage
obličej

menton
brada

main
ruka

poitrine
hruď

jambe
dolní končetina

bras
paže

bébé
dítě

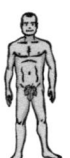

homme
muž

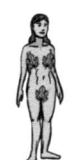

femme
žena

fille
dívka

garçon
chlapec

tête
hlava

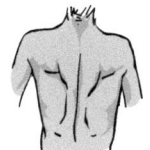

dos

záda

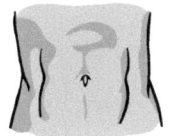

ventre

břicho

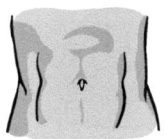

nombril

pupík

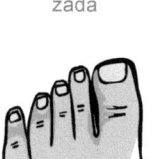

orteil

prst na noze

talon

pata

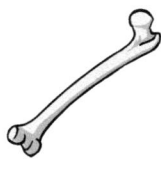

os

kost

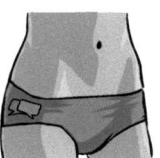

hanche

bok

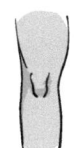

genou

koleno

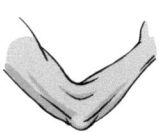

coude

loket

nez

nos

fesses

zadek

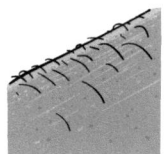

peau

kůže

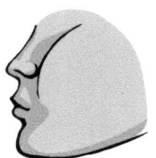

joue

tvář

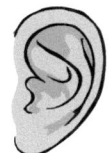

oreille

ucho

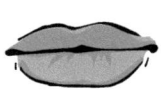

lèvre

ret

corps - tělo

bouche

úsa

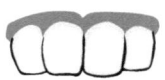

dent

zub

langue

jazyk

cerveau

mozek

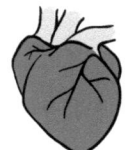

cœur

srdce

muscle

sval

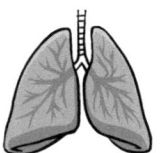

poumons

plíce

foie

játra

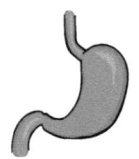

estomac

žaludek

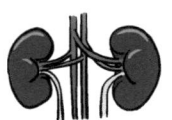

reins

ledviny

rapport sexuel

pohlavní styk

préservatif

kondom

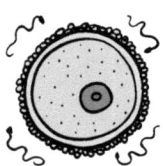

ovule

vajíčko

sperme

sperma

grossesse

těhotenství

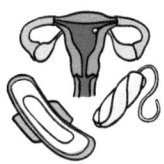

menstruation

menstruace

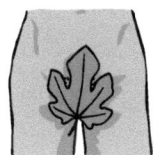

vagin

vagina

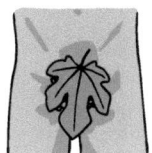

pénis

penis

sourcil

obočí

cheveux

vlasy

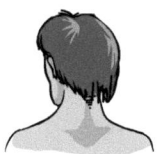

cou

krk

hôpital
nemocnice

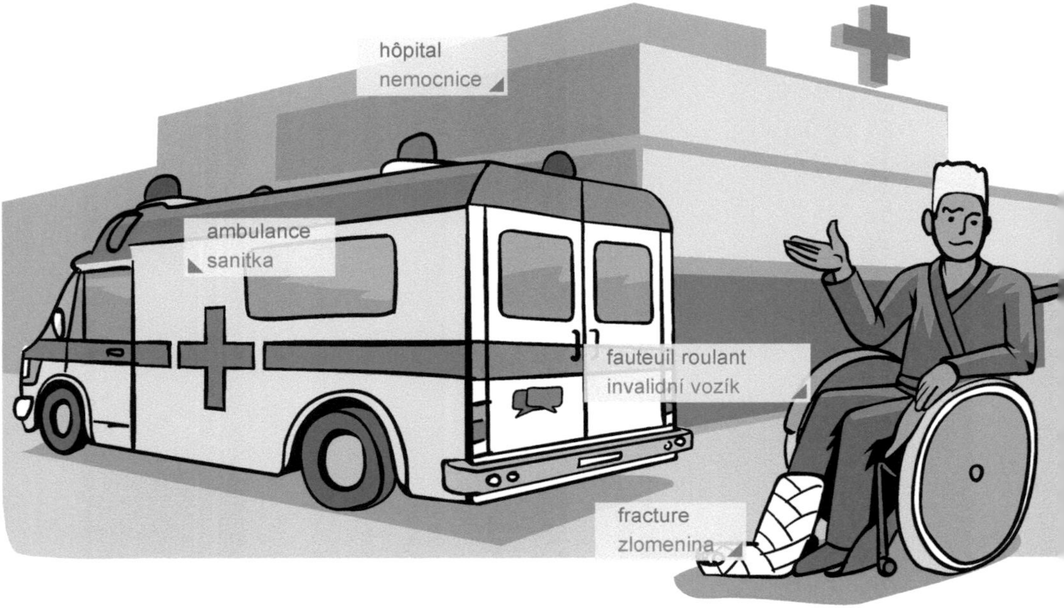

hôpital
nemocnice
ambulance
sanitka
fauteuil roulant
invalidní vozík
fracture
zlomenina

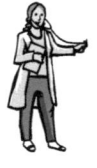

médecin

lékař

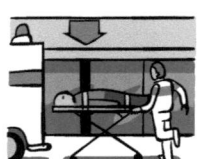

service des urgences

pohotovost

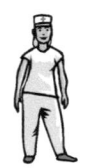

infirmière

zdravotní sestra

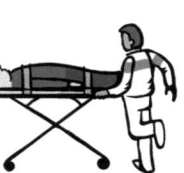

urgence

urgentní případ

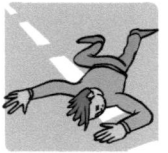

inconscient

v bezvědomí

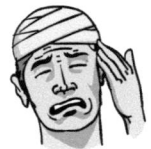

douleur

bolest

blessure

úraz

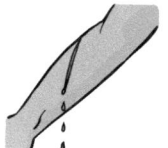

hémorragie

krvácení

crise cardiaque

infarkt myokardu

attaque cérébrale

cévní mozková příhoda

allergie

alergie

toux

kašel

fièvre

horečka

grippe

chřipka

diarrhée

průjem

mal de tête

bolest hlavy

cancer

rakovina

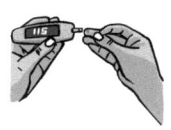

diabète

cukrovka

chirurgien

chirurg

scalpel

skalpel

opération

operace

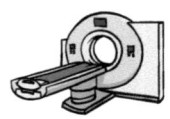

CT

CT

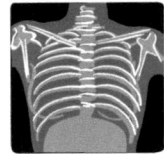

radiographie

rentgen

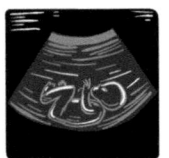

échographie

ultrazvuk

masque

maska

maladie

nemoc

salle d'attente

čekárna

béquille

berle

pansement

náplast

pansement

obvaz

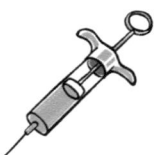

injection

injekce

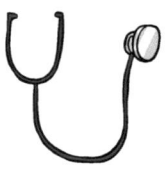

stéthoscope

stetoskop

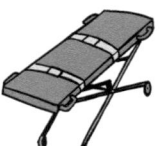

brancard

nosítka

thermomètre

teploměr

accouchement

porod

surcharge pondérale

nadváha

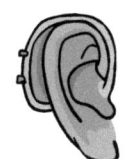

appareil auditif

naslouchátko

désinfectant

dezinfekční prostředek

infection

infekce

virus

virus

VIH / sida

HIV / AIDS

médicament

lékařství

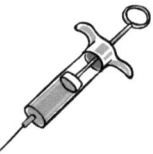

vaccination

očkování

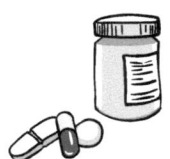

comprimés

tablety

pilule

pilulka

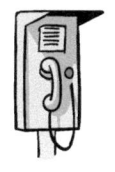

appel d'urgence

tísňové volání

tensiomètre

tonometr

malade / sain

nemocný / zdravý

Au secours !	alarme	assaut
Pomoc!	poplach	přepadení

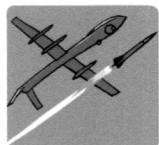

attaque	danger	sortie de secours
napadení	nebezpečí	nouzový východ

Au feu!	extincteur	accident
Hoří!	hasicí přístroj	nehoda

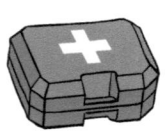

trousse de premier secours	SOS	police
zdravotnická brašna	SOS	policie

Europe

Evropa

Amérique du Nord

Severní Amerika

Amérique du Sud

Jižní Amerika

Afrique

Afrika

Asie

Asie

Australie

Austrálie

Océan atlantique

Atlantik

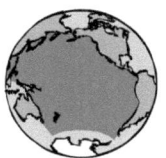

Océan pacifique

Pacifik

Océan indien

Indický oceán

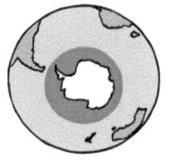

Océan antarctique

Jižní ledový oceán

Océan arctique

Severní ledový oceán

pôle nord

severní pól

pôle sud

jižní pól

Antarctique

Antarktida

terre

země

pays

pevnina

mer

moře

île

ostrov

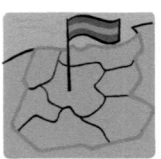

nation

národ

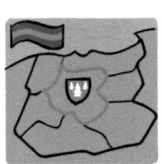

état

stát

cadran

ciferník

aiguille des heures

hodinová ručička

aiguille des minutes

minutová ručička

aiguille des secondes

vteřinová ručička

Quelle heure est-il ?

Kolik je hodin?

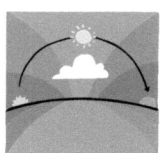

jour

den

temps

čas

maintenant

teď

montre digitale

digitální hodinky

minute

minuta

heure

hodina

semaine

týden

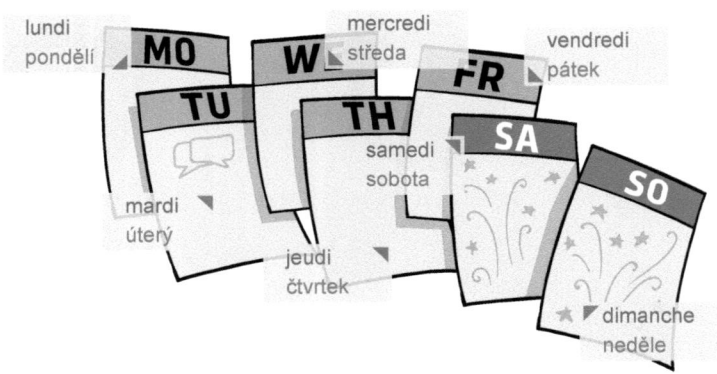

lundi / pondělí — MO
mardi / úterý — TU
mercredi / středa — WE
jeudi / čtvrtek — TH
vendredi / pátek — FR
samedi / sobota — SA
dimanche / neděle — SO

hier
včera

aujourd'hui
dnes

demain
zítra

matin
ráno

midi
poledne

soir
večer

MO	TU	WE	TH	FR	SA	SU
1	2	3	4	5	6	7
8	9	10	11	12	13	14
15	16	17	18	19	20	21
22	23	24	25	26	27	28
29	30	31	1	2	3	4

jours ouvrables
pracovní dny

MO	TU	WE	TH	FR	SA	SU
1	2	3	4	5	6	7
8	9	10	11	12	13	14
15	16	17	18	19	20	21
22	23	24	25	26	27	28
29	30	31	1	2	3	4

week-end
víkend

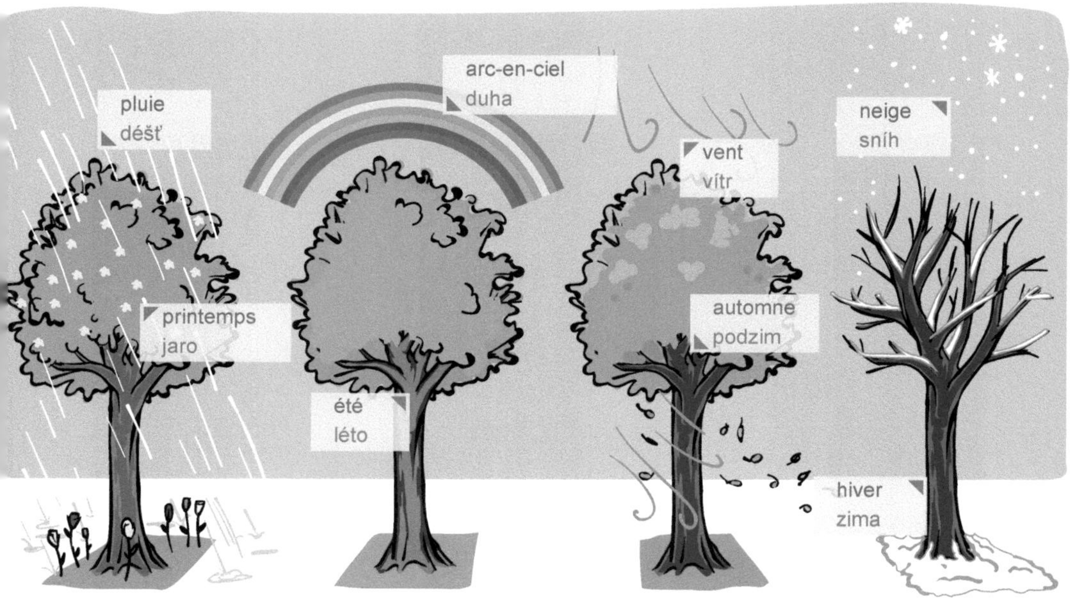

pluie
déšť

arc-en-ciel
duha

vent
vítr

neige
sníh

printemps
jaro

automne
podzim

été
léto

hiver
zima

météo
predpověď počasí

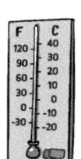

thermomètre
teploměr

lumière du soleil
sluneční svit

nuage
mrak

brouillard
mlha

humidité
vlhkost

foudre

blesk

tonnerre

hrom

tempête

bouřka

grêle

kroupy

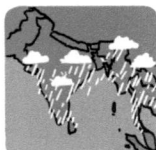

mousson

monzun

inondation

povodeň

glace

led

janvier

leden

février

únor

mars

březen

avril

duben

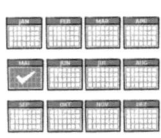

mai

květen

juin

červen

juillet

červenec

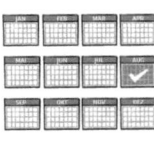

août

srpen

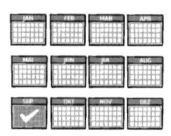

septembre
....
září

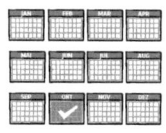

octobre
....
říjen

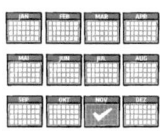

novembre
....
listopad

décembre
....
prosinec

formes
tvary

cercle
....
kruh

carré
....
čtverec

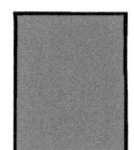

rectangle
....
obdélník

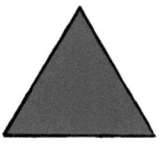

triangle
....
trojúhelník

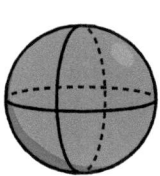

sphère
....
koule

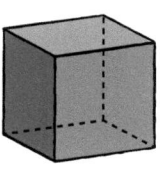

cube
....
krychle

barvy

blanc

bílá

jaune

žlutá

orange

oranžová

rose

růžová

rouge

červená

violet

fialová

bleu

modrá

vert

zelená

marron

hnědá

gris

šedá

noir

černá

beaucoup / peu

hodně / málo

fâché / calme

rozzuřený / mírumilovný

joli / laid

krásný / ošklivý

début / fin

začátek / konec

grand / petit

velký / malý

clair / obscure

světlý / tmavý

frère / soeur

bratr / sestra

propre / sale

čistý / špinavý

complet / incomplet

úplný / neúplný

jour / nuit

den / noc

mort / vivant

mrtvý / živý

large / étroit

široký / úzký

comestible / incomestible

jedlý / nejedlý

méchant / gentil

zlý / hodný

excité / ennuyé

vzrušený / znuděný

gros / mince

tlustý / hubený

premier / dernier

nejdříve / naposledy

ami / ennemi

přítel / nepřítel

plein / vide

plný / prázdný

dur / souple

tvrdý / měkký

lourd / léger

těžký / lehký

faim / soif

hlad / žízeň

malade / sain

nemocný / zdravý

illégal / légal

ilegální / legální

intelligent / stupide

inteligentní / hloupý

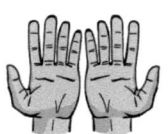

gauche / droite

vlevo / vpravo

proche / loin

blízko / daleko

nouveau / usé

nový / použitý

rien / quelque chose

nic / něco

vieux / jeune

starý / mladý

marche / arrêt

zapnutý / vypnutý

ouvert / fermé

otevřeno / zavřeno

faible / fort

tichý / hlasitý

riche / pauvre

bohatý / chudý

correct / incorrect

správný / špatný

rugueux / lisse

drsný / hladký

triste / heureux

smutný / šťastný

court / long

krátký / dlouhý

lent / rapide

pomalý / rychlý

mouillé / sec

vlhký / suchý

chaud / froid

teplý / chladný

guerre / paix

válka / mír

0
zéro
nula

1
un / une
jedna

2
deux
dva

3
trois
tři

4
quatre
čtyři

5
cinq
pět

6
six
šest

7
sept
sedm

8
huit
osm

9
neuf
devět

10
dix
deset

11
onze
jedenáct

12

douze

dvanáct

13

treize

třináct

14

quatorze

čtrnáct

15

quinze

patnáct

16

seize

šestnáct

17

dix-sept

sedmnáct

18

dix-huit

osmnáct

19

dix-neuf

devatenáct

20

vingt

dvacet

100

cent

sto

1.000

mille

tisíc

1.000.000

million

milion

anglais

angličtina

anglais américain

americká angličtina

chinois mandarin

standardní čínština

hindi

hindština

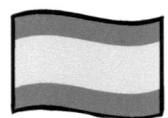

espagnol

španělština

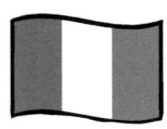

français

francouzština

arabe

arabština

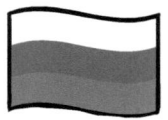

russe

ruština

portugais

portugalština

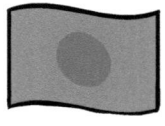

bengali

bengálština

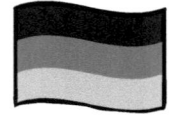

allemand

němčina

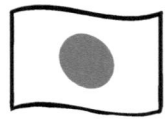

japonais

japonština

je

já

tu

ty

il / elle / ce, c', cela

on / ona / ono

nous

my

vous

vy

ils / elles

oni

Qui ?

Kdo?

Quoi ?

Co?

Comment ?

Jak?

Où ?

Kde?

Quand ?

Kdy?

nom

jméno

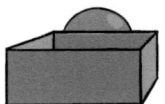

derrière

za

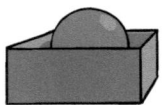

dans

do

devant

z

au-dessus

nad

sur

na

en-dessous

mezi

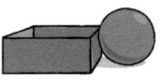

à côté de

vedle

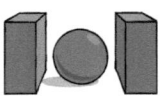

entre

mezi

lieu

místo

·